BEI GRIN MACHT SICH IHR WISSEN BEZAHLT

AF137125

- Wir veröffentlichen Ihre Hausarbeit,
  Bachelor- und Masterarbeit

- Ihr eigenes eBook und Buch -
  weltweit in allen wichtigen Shops

- Verdienen Sie an jedem Verkauf

Jetzt bei www.GRIN.com hochladen und kostenlos publizieren

Bibliografische Information der Deutschen Nationalbibliothek:

Die Deutsche Bibliothek verzeichnet diese Publikation in der Deutschen National-
bibliografie; detaillierte bibliografische Daten sind im Internet über http://dnb.d-
nb.de/ abrufbar.

Impressum:

Copyright © 2017 GRIN Verlag, Open Publishing GmbH
Druck und Bindung: Books on Demand GmbH, Norderstedt Germany
ISBN: 9783668577831

Dieses Buch bei GRIN:

http://www.grin.com/de/e-book/379038/social-media-in-krisensituationen-verbrei-
tung-anwendung-und-nutzen

Fabian Kuhlmann

Social Media in Krisensituationen. Verbreitung, Anwendung und Nutzen

GRIN Verlag

GRIN - Your knowledge has value

Der GRIN Verlag publiziert seit 1998 wissenschaftliche Arbeiten von Studenten, Hochschullehrern und anderen Akademikern als eBook und gedrucktes Buch. Die Verlagswebsite www.grin.com ist die ideale Plattform zur Veröffentlichung von Hausarbeiten, Abschlussarbeiten, wissenschaftlichen Aufsätzen, Dissertationen und Fachbüchern.

Besuchen Sie uns im Internet:

http://www.grin.com/

http://www.facebook.com/grincom

http://www.twitter.com/grin_com

Social Media in Krisensituationen: Verbreitung, Anwendung und Nutzen

Seminararbeit

Vorgelegt von: Fabian Kuhlmann

I Inhaltsverzeichnis

II   Abkürzungsverzeichnis

bzw.   beziehungsweise

o. J.   ohne Jahr

o. S.   ohne Seite

o. V.   ohne Verfasser

UGC   User Generated Content

1 Einleitung

Krisen können in vielen verschiedenen Formen und tendenziell jederzeit auftreten. Sie können durch unvermeidbare Umweltkatastrophen entstehen oder die Folge menschlicher Handlungen sein.

Das öffentliche und folglich auch mediale Interesse an Krisen war seit jeher sehr groß.

Im Zuge der technischen Entwicklung der letzten Jahre hat sich auch die Medienlandschaft stark gewandelt. Das Internet und besonders Social Media erfreuen sich immer größerer Beliebtheit, wenn es darum geht, sich über die aktuellsten Ereignisse zu informieren und diese auch weiter zu verfolgen. Besonders in Krisensituationen ist dieser Bedarf nach Informationen sehr ausgeprägt.

Doch wie funktioniert die Kommunikation in Social Media, welchen Einfluss hat sie während Krisensituationen welche Möglichkeiten ergeben sich dadurch und was sind die Schwachstellen?

Um diese Fragen in der folgenden Arbeit zu beantworten, werden zunächst grundlegende Begriffe wie „Social Media" und „Krise" erläutert.

Daraufhin folgt eine Einordnung der aktuellen Situation von Social Media sowie ein Abschnitt, welcher sich mit der Produktion und Nutzung von Inhalten befasst.

Anschließend wird sich die Arbeit näher mit der Rolle von Social Media in Krisensituationen befassen. Anhand der Proteste, welche sich 2011 in Ägypten ereigneten, wird diese Frage kritisch betrachtet.

2 Begriffliche Grundlagen

2.1 Krise

Der Duden definiert den Begriff "Krise" als eine kritische Situation, welche „den Höhe- und Wendepunkt einer gefährlichen Entwicklung darstellt".[1]

Steven Fink definierte bereits Frühwarnsignale, die auf das Entstehen einer Krise hindeuten.

Dazu zählt die erschwerte Kontrollierbarkeit von Situationen, welche das Interesse der Öffentlichkeit wecken und durch welche Geschäftstätigkeiten bzw. alltägliche Gewohnheiten beeinflusst werden.

Fink reduziert sich dabei auf Unternehmenskrisen. Allerdings wird die nachfolgende Arbeit zeigen, dass diese Indikatoren beispielsweise auch für politische Krisen anwendbar sind.[2]

2.2 Social Media

Zum Begriff Social Media gibt es zahlreiche Definitionen mit immer anderen Schwerpunkten.

Nach Andreas M. Kaplan und Michael Haenlein gilt Social Media als "eine Gruppe von Internetanwendungen, die auf den ideologischen und technologischen Grundlagen des Web 2.0 aufbauen und die Herstellung und den Austausch von *User Generated Content* ermöglichen".[3]

Als Web 2.0 gilt dabei eine durch Zusatzfunktionen bedingte Weiterentwicklung des World Wide Webs. Der Begriff soll aber an dieser Stelle nicht näher erläutert werden, da das Web 2.0 hier zwar als Grundlage dient, auf der Social Media geschieht, aber im Detail auf die weiteren Ausführungen keinerlei Auswirkungen hat.[4]

Als *User Generated Content*, also als nutzergenerierte Inhalte, gelten solche, welche die folgenden drei Bedingungen erfüllen:

---

[1] Dudenredaktion (o.J.), o. S.
[2] Vgl. Fink (1986), S. 15.
[3] Kaplan/Haenlein (2010), S. 60.
[4] Vgl. Kaplan/Haenlein (2010), S. 60 f.

Erstens wird die Veröffentlichung auf einer öffentlich zugänglichen Internetseite oder innerhalb eines sozialen Netzwerks mit einer ausgewählten Nutzergruppe vorausgesetzt.

Zweitens wird ein bestimmter Grad an Kreativität gefordert, was bedeutet, dass die einfache Kopie und Verbreitung bereits bestehender Schriftstücke nicht als UGC gilt.

Drittens dürfen diese Inhalte keine gewinnbringenden Absichten verfolgen.[5]

Herstellung und Austausch werden zusammenfassend als kommunikative Interaktionen betrachtet, welche für das soziale Merkmal dieser Medien ausschlaggebend sind.

Trotz der unterschiedlichen Ausprägungen von Social Media lassen sich wenige Affinitäten definieren.

Dazu gehört zum einen, dass Informationen von Menschen für Menschen aufgrund der digitalen Vernetzung der Medien zur Verfügung gestellt werden.

Zum anderen zählt dazu, dass soziale Beziehungen durch diese Medien auf- bzw. ausgebaut werden.[6]

3 Social Media in Krisensituationen

3.1 Verbreitung und Anwendung von Social Media

Die Schwerpunkte in der Mediennutzung befinden sich im Wandel. Lag früher der Fokus auf traditionellen Massenmedien wie der Zeitung oder dem Fernsehen, so ist heute eine stärkere Verschiebung ins Internet und speziell hin zu den sozialen Medien wie beispielsweise Facebook bemerkbar.[7]

Trotzdem sei an dieser Stelle angemerkt, dass das Fernsehen insgesamt nach wie vor die wichtigste Informationsquelle ist.

Zu beobachten ist, dass das Kommunikations- und Informationsverhalten je nach Alter der Nutzer unterschiedlich ausgeprägt ist. Das Internet ist bei

---

[5] Vgl. Kaplan/Haenlein (2010), S. 60 f.
[6] Vgl. Schmidt/Taddicken (2017), S. 4 f.
[7] Vgl. Bruns (2014), S. 1.

16-29 Jahre alten Menschen nach dem Fernsehen die zweitwichtigste Informationsquelle.

Die jüngere Generation ist im Umgang mit neuen Informationsquellen wie dem Internet weitaus besser und auch schneller vertraut als ältere Generationen. Mit zunehmendem Alter nimmt die Bedeutung des Internets daher immer weiter ab und wird kaum noch zur Informationsbeschaffung genutzt.

Allerdings wird der Umgang mit Internet und Social Media zukünftig viel selbstverständlicher sein, da die kommenden Jahrgänge mit solch neuer Technologie aufwachsen, und die älteren Jahrgänge im Laufe der Zeit durch die jungen technikversierten Jahrgänge ersetzt werden.[8]

3.1.1 Kommunikationsphasen während Krisensituationen

Bruns beschreibt hier bei der Nutzung von Social Media in Krisensituationen zwei zu beobachtende Phasen.

In der ersten Phase soll die Situation im betroffenen Gebiet möglichst transparent und übersichtlich gemacht werden. Diese verfügbaren Informationen werden dann häufig weit gestreut, da an der Krisensituation im Allgemeinen häufig viele Menschen interessiert sind.

In der darauffolgenden Phase ist zu beobachten, dass das öffentliche Interesse schnell abnimmt und sich die Kommunikation auf kleinere Personenkreise reduziert. Bei denen handelt es sich oft um direkt Betroffene, für die die Aufrechterhaltung der Kommunikation beispielsweise für Aufräumarbeiten von großer Wichtigkeit ist. Ein großer Teil der Öffentlichkeit ist daran aber eben nicht interessiert.[9]

3.1.2 Informationsverbreitung, -weitergabe und –diffusion

Unter dem Begriff der *Informationsverbreitung* versteht man die Produktion eigener Inhalte in den sozialen Medien.

---

[8] Vgl. Köcher/Bruttel (2011), S. 24 f.
[9] Vgl. Bruns (2014), S. 2 f.

Durch Aktivitäten wie "Tweeten" oder "Bloggen" werden diese Inhalte auf der jeweiligen Plattform sichtbar und können dadurch von anderen Nutzern wahrgenommen werden.

Bei der *Informationsweitergabe* werden diese neu produzierten Inhalte dann durch andere Nutzer kopiert und so einer immer größer werdenden Anzahl von Nutzern zugänglich gemacht. Dies geschieht durch Tätigkeiten wie "retweeten", „teilen" oder „liken". [10]

Social Media erlaubt dem Nutzer damit gleichzeitig in gewisser Art und Weise auch Produzent von Inhalten zu sein.[11] Daher gilt die Partizipation, womit der Handlungsprozess zwischen Individuen und der Gemeinschaft gemeint ist,[12] nicht mehr als Option, sondern als Grundbedingung für die Nutzung von Social Media.[13]

Bruns nennt die Social-Media-Teilnehmer daher auch „produser", da er mit diesem Begriff die Wörter „production" (Produktion) und „usage" (Nutzung) vereint.

Es spielt dabei keine Rolle, ob dies wissentlich oder unwissentlich passiert. Von Bedeutung ist nur, dass die Inhalte alleine durch die Nutzung weiteren Teilnehmern zur Verfügung gestellt werden.[14]

Der Effekt von *Informationsverbreitung* und *–weitergabe* wird *Informationsdiffusion* genannt. Hierbei handelt es sich um das Ausmaß der Informationsausbreitung innerhalb einzelner Plattformen.[15]

Besonders in Krisensituationen ist eine effiziente und schnelle Diffusion wünschenswert, da Krisen meistens unvorhersehbar eintreten.[16]

Wie genau die Verbreitung und Weitergabe erfolgt und anschließend eine hohe Diffusion durch Social Media erzielt werden kann, soll im nachfolgenden Kapitel anhand eines Praxisbeispiels näher erläutert werden.

---

[10] Vgl. Thimm (2017), S. 206.
[11] Vgl. Friedrichsen/Kohn (2015), S. 12.
[12] Vgl. Kasper (2008), o. S.
[13] Vgl. Thimm (2017), S. 192 f.
[14] Vgl. Bruns (2009), S. 21.
[15] Vgl. Thimm (2017), S. 206.
[16] Vgl. Bruns (2014), S. 1.

3.2 Die Bedeutung von Social Media während der ägyptischen Revolution in 2011

Die Frage nach dem Einfluss von Social Media auf politische Ereignisse ist keine grundlegend neue Frage.

Allerdings ist sie schwerpunktmäßig bisher im Bezug auf Ereignisse in der westlichen Welt gestellt worden.

Die politischen Proteste in Ägypten, auch bekannt als „Arabischer Frühling", waren Ereignisse, die es in dem Ausmaß unter autoritären Regimen bisher nicht gab.

Aufgrund dessen wird diese Fragestellung im nachfolgenden Teil anhand des Praxisbeispiels aus einer neuen Perspektive betrachtet.[17]

3.2.1 Ausgangssituation in Ägypten

Zu Beginn ist zu sagen, dass die Proteste des Tahrir Platzes das Ergebnis einer über Jahre andauernden Entwicklung waren.

Diese Entwicklung soll im Nachfolgenden kurz erläutert werden, um das Grundverständnis für die Situation im Land zu fördern.

Obwohl in Ägypten viele Argumente wie Armut, Korruption und Verletzung der Menschenrechte gegen den Status eines Landes mit hohem Wohlergehen sprachen, änderte sich lange Zeit nichts am autoritären Regierungssystem.

Daraus resultierte eine schwierige Informationslage. Journalisten hatten mit Restriktionen und Zensur, Bürger mit Unterdrückung und Überwachung durch das Regime zu kämpfen. Autoren regimekritischer Inhalte, welche im Internet zu finden waren, liefen Gefahr, inhaftiert zu werden.

Diese Umstände begünstigten auch das weitere Bestehen des Mubarak-Regimes.[18]

---

[17] Vgl. Tufekci/Wilson (2012), S. 363 f.
[18] Vgl. Tufekci/Wilson (2012), S. 364 f.

3.2.2 Social Media während der ägyptischen Proteste 2011

Die Einführung von Facebook in Arabien 2009 hatte zur Folge, dass politische, für das Regime schädliche Inhalte, nun sehr viel schneller verbreitet werden konnten. Bis zu diesem Zeitpunkt verliefen Proteste durch die Bevölkerung ruhig, im kleinen Rahmen und stets unter der Kontrolle des Regimes.[19]

Im folgenden Teil werden Chancen und Risiken von Social Media anhand des arabischen Frühlings erläutert. Darüber hinaus behandelt das Kapitel aber auch Aspekte, die an diesem Praxisbeispiel nicht direkt erkennbar, aber in Krisensituationen im Allgemeinen trotzdem zu beobachten sind.

3.2.3 Chancen

3.2.3.1 Organisation

Die Bevölkerung in Ägypten begann sich im großen Stil zu organisieren und Proteste zeitlich zu planen. [20]

Dabei half beispielsweise die Hashtag-Funktion bei Twitter, welche es den Nutzern ermöglicht, Beiträge bestimmten Themen zuzuordnen, und so auch mit bis dahin fremden Nutzern in Kontakt zu treten.

Auf Facebook geschieht so etwas anhand von Nutzer-Gruppen, denen beigetreten werden kann.[21]

Diese Möglichkeiten unterstützen die in Kapitel 2.2 erwähnten Merkmale, dass soziale Beziehungen auf- und ausgebaut werden.

Besonders für die Situation in Ägypten waren solche Organisationsmöglichkeiten von großer Bedeutung. In Demokratien sind Proteste denkbar, die mit einer kleinen Anzahl von Teilnehmern beginnen, mit der Zeit wachsen und sich irgendwann einer großen Anhängerschaft erfreuen.

---

[19] Vgl. Tufekci/Wilson (2012). S. 367.
[20] Vgl. Tufekci/Wilson (2012), S. 364 f.
[21] Vgl. Bruns (2014), S. 2.

Diese Wachstumsmöglichkeit ist in autoritären Regierungssystemen allerdings aufgrund von Zensur und Unterdrückung nahezu überhaupt nicht gegeben.

Aus diesem Grund war es von immenser Wichtigkeit, dass bereits am ersten Tag der Proteste möglichst viele Menschen mobilisiert werden, da die Zerschlagung solcher Großveranstaltung viel schwieriger ist.[22]

3.2.3.2 Dokumentation und Veröffentlichung

Der mittlerweile alltägliche und vielseitige Gebrauch sozialer Medien öffnet für die Informationsbeschaffung und -bereitstellung viele neue Türen. [23]

Auch während der Proteste wurde Social Media genutzt, um die Geschehnisse online live zu dokumentieren und zu verbreiten. [24]

Durch die Nutzung mobiler Endgeräte, wie beispielsweise Smartphones, ist eine weltweite dezentrale Berichterstattung möglich.[25] Neuigkeiten werden durch Menschen, welche sich direkt vor Ort befinden, in die sozialen Medien transferiert und dort mit rasanter Geschwindigkeit von ihnen und anderen Nutzern weitergegeben.[26] Sogar eine Informationsbereitstellung in Echtzeit ist damit möglich. [27]

Social-Media-Nutzer nehmen damit unter Umständen eine wichtige Rolle in der Verbreitung und Weitergabe von Informationen ein, wenn Vertreter offizieller Stellen oder Reporter dies nicht leisten können.[28]

Fernsehsender wie Al-Jazeera nutzten damals soziale Medien als Möglichkeit der Informationsbeschaffung, um damit den Mangel an Reportern vor Ort zu decken.[29]

Damit beschränkt sich diese Informationsdiffusion nicht nur auf die sozialen Medien, sondern ist durch Mund-zu-Mund-Propaganda auch im persönlichen Umfeld und damit auch offline zu beobachten.[30] Diese

---

[22] Vgl. Tufekci/Wilson (2012), S. 375.
[23] Vgl. Kavanaugh et. al. (2012), o. S.
[24] Vgl. Tufekci/Wilson (2012), S. 364 f.
[25] Vgl. Friedrichsen/Kohn (2015), S. 12 f.
[26] Vgl. Thimm (2017), S. 193.
[27] Vgl. Tufekci/Wilson (2012), S. 367.
[28] Vgl. Bruns (2014), S. 2.
[29] Vgl. Tufekci/Wilson (2012), S. 367.
[30] Vgl. Bruns (2014), S. 2.

zusätzliche Auswirkung auf das Informations- und
Kommunikationsverhalten auch außerhalb der sozialen Medien konnte
bereits anhand von Studien belegt werden.[31]

3.2.3.3 Chancen für Behörden

Auch die Regierung erhofft sich durch den Umgang mit Social Media einen
Mehrwert.

Anhand einer Studie, welche 2010 in Arlington, Virgina durchgeführt wurde,
wurde der Gebrauch von Social Media durch Regierungsbeamte in
Krisensituationen untersucht.

Die größte Herausforderung besteht dabei in der aufkommenden
Informationsflut. Gelingt hier eine Filterung essentieller Daten, so können
diese anschließend genutzt werden, um in Echtzeit auf die neuesten
Ereignisse zu reagieren.[32]

Für offizielle Organisationen sollte Social Media daher auch ein wichtiger
Kanal zur Informationsverbreitung sein. Ihnen wird hohe Glaubwürdigkeit
zu Teil, weshalb durch sie verbreitete Informationen auch eine große
Chance haben, durch die Nutzermassen weitergegeben zu werden.

Dies kann auch bei der Beseitigung aufkommender Gerüchte helfen,
worauf im nachfolgenden Kapitel noch näher eingegangen wird.[33]

Weiterhin ist bei Nutzern, welche sich beispielsweise direkt im oder nahe
dem Krisengebiet befinden, häufig das eigenständige Aktivwerden im
Hinblick auf helfende Maßnahmen zu beobachten. [34] Durch zuverlässige
Informationsverbreitung durch Behörden kann diese Eigeninitiative sogar
noch gefördert und damit eine Entlastung von Hilfsorganisationen erzielt
werden.

Ein aktuelles Beispiel dafür sind die Vorfälle, welche sich während eines
Konzertes der Sängerin Ariana Grande am 22. Mai 2017 ereigneten. In
Folge einer Explosion in einer Konzerthalle in Manchester informierten die
Notfalldienste die Bevölkerung, dass diese sie nur in lebensbedrohlichen

---

[31] Vgl. Zhang et. al. (2010), o. S.
[32] Vgl. Kavanaugh et. al. (2012), o. S.
[33] Vgl. Bruns (2014), S. 4.
[34] Vgl. Bruns (2014), S. 1.

Fällen kontaktieren solle, um eine bessere Übersicht und effektivere Allokation der Ressourcen zu ermöglichen. [35]

3.2.4 Risiken

3.2.4.1 Fake News

Eine Gefahr beim Umgang mit Social Media ist, dass Nutzer keinerlei Verpflichtungen eingehen, ihre wahre Identität preiszugeben.

Da die Urheber oft nicht mit Konsequenzen zu rechnen haben, steigt das Risiko der Verbreitung von Falschmeldungen, auch Fake News genannt.[36] Möglicherweise geschieht dies sogar unbewusst, da Inhalte von Nutzern weitergegeben werden, die sich der Falschheit überhaupt nicht bewusst sind.

Leider waren und sind solche Beobachtungen bei Ereignissen, bei denen Social Media eingesetzt wurde, immer wieder erkennbar.[37]

Allerdings kann die Social-Media-Gemeinschaft der Verbreitung solcher Unwahrheiten durch die Intelligenz der Massen entgegen wirken. Damit ist gemeint, dass die Community als Einheit über die großflächige Weitergabe bestimmter Informationen entscheidet. Unglaubwürdige Informationen gehen dadurch schnell unter.

Durch ein solch kollektives Denken gleicht die Überprüfung des informellen Wahrheitsgehalts beispielsweise derer angesehener Nachrichtensender.[38]

3.2.4.2 Selektive Wahrnehmung durch Social Media

Durch den Algorithmeneinsatz in Social Media wachsen die Möglichkeiten, den Nutzer nur mit den Inhalten zu versorgen, mit denen er mehr oder weniger direkt bereits in Kontakt war.

Andere Inhalte werden ihm dann kaum oder überhaupt nicht mehr angezeigt.[39]

---

[35] Vgl. o. V. (2017), o. S.
[36] Vgl. Friedrichsen/Kohn (2015), S. 12.
[37] Vgl. Bruns (2014), S. 3.
[38] Vgl. Bruns (2014), S. 3 f.
[39] Vgl. Friedrichsen/Kohn (2015), S. 64.

Der Bedarf nach politischen Informationen ist beispielsweise bei den wenigsten Menschen ein Hauptgrund für die Teilnahme an sozialen Medien. Deshalb würden die eigenen Interessen innerhalb der sozialen Medien auch nicht mit politischem Schwerpunkt gesetzt werden.

Die Wissenskluft wird dadurch zunehmend größer.

Kaufhold et. al sprechen hier sogar von einer Wissensschere.[40]

Als Chance in dem Zusammenhang ist aber wiederum zu sehen, dass solche Informationen die Nutzer trotzdem erreichen können, indem die Inhalte durch Freunde geteilt und somit angezeigt werden. Meistens handelt es sich bei solchen Inhalten dann um Neuigkeiten mit verstärkt öffentlichem Interesse, wie es oft in der ersten Phase der Krisenkommunikation der Fall ist.

Es ist also ein nennenswerter Vorteil von Social Media, dass man solche Neuigkeiten angezeigt bekommt, obwohl man nicht gezielt danach sucht.[41]

---

[40] Vgl. Kaufhold/Valenzuela/de Zúñiga (2010), o. S.
[41] Vgl. Friedrichsen/Kohn (2015), S. 60 f.

4 Fazit

Das Ziel dieser Arbeit war es, zu beantworten, welchen Einfluss der Einsatz von Social Media bei der Kommunikation in Krisensituationen bewirken kann.

Als Beispiel zur Erörterung dieser Frage dienten die Proteste im Rahmen des arabischen Frühlings, welche 2011 in Ägypten stattfanden.

Ein bedeutender Vorteil von Social Media, welcher auch maßgeblichen Einfluss auf den Verlauf der Proteste in Ägypten hatte, war die Möglichkeit, sich unkompliziert und mit der Folge großer Teilnahme zu organisieren. Das stellte einen essentiellen Unterschied zu bisherigen Protesten dar und war möglicherweise der entscheidende Aspekt, welcher zum Erfolg beitrug.

Durch die Nutzung mobiler Endgeräte war eine Berichterstattung durch Teilnehmer vor Ort und in Echtzeit kein Problem. Diese so produzierten Inhalte hatten nicht nur innerhalb der sozialen Medien eine erwähnenswerte Reichweite, sondern wurden auch durch Nachrichtensender ins Fernsehen und somit zu Teilnehmern außerhalb des Internets gebracht. Die Informationsdiffusion erreichte dadurch ein nahezu grenzenloses Ausmaß.

Natürlich verleihen Gefahren wie die mögliche Verbreitung von Falschmeldung dieser relativ neuen Kommunikationsform einen bitteren Beigeschmack. Allerdings hat diese Arbeit auch in diesem Punkt gezeigt, dass diese Gefahr zum einen durch die Massenintelligenz, und zum anderen durch den Eingriff von Regierungen und anderen offiziellen Stellen in einem sehr überschaubaren Ausmaß gehalten werden kann.

Insgesamt ist an dieser Stelle hervorzuheben, wie einfach und kostengünstig die Mobilisierung und Koordination großer Menschenmassen sein kann. Wie das Beispiel zeigt, wurden dadurch selbst in einem autoritären Regierungssystem schwerwiegende Veränderungen bewirkt, mit denen bis zu diesem Zeitpunkt wohl die wenigsten gerechnet haben.

Zukünftig ist zu erwarten, dass die Bedeutung von Social Media insgesamt und damit auch in Krisensituationen steigen wird. Bedingt ist dies durch die höhere Akzeptanz von neuen Technologien der jüngeren Generationen, welche die älteren Generationen im Laufe der Zeit ersetzen werden.

III   Literaturverzeichnis

Bruns, Axel (2009): Blogs, Wikipedia, Second Life, and Beyond: From Production to Produsage, New York.

Bruns, Axel (2014): Soziale Medien in Krisensituationen, http://snurb.info/files/2014/Soziale%20Medien%20in%20Krisensituation en.pdf, letzter Zugriff am 15.05.2017.

Dudenredaktion (o.J.): „Krise", http://www.duden.de/rechtschreibung/Krise, letzter Zugriff am 21.05.2017.

Fink, Steven (1986): Crisis Management: Plannung for the inevitable, Lincoln.

Friedrichsen, M.; Kohn, R. A. (2015): Digitale Politikvermittlung. Chancen und Risiken interaktiver Medien, Wiesbaden.

Kavanaugh, A.; Yang, S.; Shoemaker, D.; Fox, E. A.; Li, L. T.; Natsev, P.; Sheetz, S.; Whalen, T.; Xie, L. (2012): Social Media Use by Government: From the Routine to the Critical. Government Information Quarterly.

Kaplan, A. M.; Haenlein, M. (2010): Users of the world, unite! The challenges and opportunities of Social Media. In: Business Horizons, Jg. 53 (1), S. 59–68.

Kapser, C. (2008): Schlüsselbegriff: Partizipation. Mehr als die Summe der einzelnen Teile, in: Moser, C. S.; Danich, P.; Halper, D. (Hrsg.): Schlüsselbegriffe der Demokratie, S. 161-177, Wien.

Kaufhold, K.; Valenzuela, S.; de Zúñiga, H. G. (2010): Citizen Journalism and Democracy: How User-Generated News Use Relates to Political Knowledge and Participation. In: Journalism and Mass Communication Quarterly, Jg. 87, S. 515–529.

Köcher, R.; Bruttel, O. (2011): Social Media, IT & Society 2011. https://www.infosys.com/de/newsroom/press-releases/documents/social-media-it-society2011.pdf, letzter Zugriff am 12.05.2017.

o. V. (2017): 19 Tote bei mutmaßlichem Anschlag in Manchester, http://www.faz.net/aktuell/politik/ausland/19-tote-bei-mutmasslichem-anschlag-in-manchester-15029015.html, hrsg. von Faz.net, letzter Zugriff am 23.05.2017.

Schmidt, J.-H.; Taddicken, M. (2017): Entwicklung und Verbreitung sozialer Medien, in: Schmidt, J.-H.; Taddicken, M. (Hrsg.): Handbuch soziale Medien, Wiesbaden, S. 3-22.

Thimm, C. (2017): Soziale Medien und Partizipation, in: Schmidt, J.-H.; Taddicken, M. (Hrsg.): Handbuch soziale Medien, Wiesbaden, S. 191-210.

Tufekci, Z.; Wilson, C. (2012): Social Media and the Decision to Participate in Political Protest. Observations From Tahrir Square. In: Journal of Communication, Jg. 62 (2), S. 363–379.

Zhang, W.; Johnson, T. J.; Seltzer, T.; Bichard, S. L. (2010): The Revolution Will be Networked. The Influence of Social Networking Sites on Political Attitudes and Behavior. In: Social Science Computer Review, Jg. 28, S. 75-92.